Fern Green

GESUNDE GETRÄNKE

Reinigend & belebend

Fern Green

GESUNDE
GETRÄNKE
· Reinigend & belebend ·

Fotos von Deirdre Rooney

INHALT

Tonics   106

Detox-Drinks   144

EINLEITUNG

Seit Jahrhunderten ist Tee – also der heiße Aufguss aus den Blättern der Teepflanze *(Camellia sinensis)* – das beliebteste Getränk der Welt. Aufgrund der Zubereitung bezeichnet man bei uns jedoch auch Aufgüsse aus frischen oder getrockneten Blättern, Blüten, Früchten, Wurzeln oder anderen Pflanzenteilen normalerweise als Tee. Im Gegensatz zum »echten« Tee enthalten diese heißen Aufgüsse jedoch kein Koffein.

Dieses Buch richtet sich an alle, die sich für gesundheitsfördernde Pflanzeninhaltsstoffe und für aromatische Getränke ohne Zusatzstoffe, Konservierungsmittel und Farbstoffe interessieren. Es wird aber auch denen gefallen, die einfach Lust haben, leckere und abwechslungsreiche Getränke auszuprobieren und neue Geschmacksrichtungen oder Kombinationen zu entdecken.

Das Zubehör

Der Fachhandel bietet jede Menge Zubehör für die Teezubereitung an. Doch für dieses schlichte Getränk brauchen Sie nur wenige Küchenhelfer.

Wasserkocher oder Topf
Wenn Sie nur heißes Wasser benötigen, ist der Wasserkocher die beste Wahl. Einen Topf verwendet man für einen Absud, denn dabei müssen die pflanzlichen Zutaten im Wasser gekocht werden.

Tee-Ei
Das kleine Ei aus gelochtem Metall wird mit den Zutaten gefüllt und an der kurzen Kette einfach ins heiße Wasser gehängt. Tee-Eier in verschiedenen Ausführungen finden Sie in Teeläden und Haushaltswarengeschäften.

Teefilter
Das feine Gewebe sorgt dafür, dass der Aufguss schön klar wird.

Teesieb
Die becherförmigen Metallsiebe werden mit den Zutaten gefüllt und danach ins heiße Wasser gestellt oder gehängt.

Sieblöffel
Am Ende des Löffelstiels sitzt eine gelochte Metallkugel oder ein kugelförmiges Sieb mit einem Klappmechanismus. Es wird einfach mit den Zutaten gefüllt und der Löffel dann ins heiße Wasser gestellt.

Teekanne
Zum Servieren eines guten Tees brauchen Sie eine schöne Teekanne. Sollen Zutaten und Wasser für einen kalten Auszug über Nacht im Kühlschrank ziehen, verwenden Sie jedoch besser ein Schraubglas.

Die Pflanzenteile müssen sich im Wasser ausdehnen können, um ihr Aroma voll zu entfalten. Ein Teebeutel bietet dafür nicht genug Platz. Verwenden Sie besser eine geräumige Aufbrühhilfe oder übergießen Sie die Zutaten in einem großen Gefäß mit heißem Wasser. Nach dem Ziehen dann durch ein Sieb abgießen.

Das Wasser

Wasser ist ein wichtiger Bestandteil aller Tees, denn darin lösen sich die gesundheitsfördernden Inhaltsstoffe der Pflanzen. Für unseren Körper ist Wasser lebenswichtig, damit er Nährstoffe problemlos aufnehmen kann. Im Wasser gelöst, verteilen sich auch die wertvollen Inhaltsstoffe des Tees im Körper.

Die Zubereitung

Tee will richtig zubereitet werden. Dabei helfen folgende Tipps. Verwenden Sie auf jeden Fall nur Pflanzen, die Sie zweifelsfrei kennen.

- Nur frische, unbehandelte Blüten und Blätter (am besten aus Bio-Anbau) verwenden. Kräuter im Schatten trocknen und nach der Ernte nicht länger als 10 Monate aufbewahren.

- Im Garten gesammelte Kräuter und Blüten sorgfältig waschen.

- Wurzeln und Samen leicht zerdrücken, damit sie ihre ätherischen Öle freisetzen.

- Die vorbereiteten Zutaten in eine Teekanne füllen.

- Die Zutaten mit kochendem Wasser übergießen, dann sofort den Deckel auflegen. Die Zutaten können für ein bis zwei weitere Aufgüsse verwendet werden.

- Den Tee abgedeckt 5 Minuten ziehen lassen. Dann durch ein Sieb in eine Tasse abgießen und in kleinen Schlucken trinken.

Die Ziehdauer

Die Zutaten bestimmen, wie lange der Aufguss ziehen muss. Nachfolgend einige Anhaltspunkte zu den wichtigsten Teesorten.

grüner Tee – *Er wird über Dampf erhitzt und dann getrocknet, damit seine Farbe und sein Geschmack unverfälscht erhalten bleiben. Ziehdauer: 3–5 Minuten.*

Oolong-Tee – *Dieser halbfermentierte Tee besitzt einen kräftigen, süßlichen Geschmack und duftet fein blumig. Er ähnelt schwarzem Tee. Ziehdauer: 3–5 Minuten.*

Pu-Erh-Tee – *Fermentierter, gereifter Tee aus dem Südwesten Chinas. Ziehdauer: 3–5 Minuten.*

schwarzer Tee – *Die dunkelste und geschmacksintensivste Teesorte. Ziehdauer: 3 5 Minuten.*

weißer Tee – *Der luftgetrocknete Tee ist leicht oxidiert und nur geringfügig behandelt. Ziehdauer: 1–3 Minuten.*

Kräutertee – *Sammelbegriff für Tees aus frischen oder getrockneten Pflanzenteilen oder Gewürzen. Ziehdauer für solche Aufgüsse: 3–5 Minuten. Enthält der Tee auch Rinde oder Samen, den Aufguss 5 Minuten ziehen lassen.*

DAS RICHTIGE MASS

Für Zubereitungen aus frischen Pflanzen schneiden Sie die Blüten, Blätter oder Triebspitzen in kleine Stücke. Pro Tasse benötigen Sie etwa 2 Esslöffel frische Kräuter. Die Kräuter dann mit kochendem Wasser übergießen und ziehen lassen. Von losen getrockneten Kräutern oder Kräutermischungen genügt 1 Esslöffel oder alternativ 1 Teebeutel pro Tasse. Natürlich können Sie getrocknete Kräuter auch in einen Teefilter füllen. Wenn der fertige Tee Ihnen zu kräftig schmeckt, gießen Sie einfach noch etwas Wasser dazu.

Vorsicht bitte!

Wenn Sie frische Pflanzen verwenden, gelten folgende Regeln:

- Pflücken Sie keine Kräuter in freier Natur. Sie können mit Pestiziden belastet sein.

- Wählen Sie nur Pflanzen, die Sie genau kennen. Nachbarpflanzen stehen lassen!

- Verwenden Sie nur frische, einwandfreie Pflanzen und waschen Sie diese vor der Zubereitung sorgfältig.

Täglicher Genuss?

Eine Zubereitung aus einer bestimmten Pflanze oder Mischung sollten Sie höchstens 10 Tage lang trinken. Danach legen Sie am besten eine Pause von 3–4 Tagen ein, sonst sammeln sich die Inhaltsstoffe unter Umständen im Körper an. Wechseln Sie stattdessen lieber öfter mal die Sorte und genießen Sie jede nur maßvoll.
Kräuterzubereitungen stärken nicht nur die Gesundheit des Körpers. Sie wirken auch positiv auf die Stimmung und tragen dazu bei, dass Sie sich frisch und vital fühlen. Genießen Sie also jeden Schluck!

Was sind Tonics?

Diese Zubereitungen aus Wasser und Pflanzenteilen sind besonders reich an gesundheitsfördernden Stoffen. Sie wirken stärkend und vitalisierend. Vor der Entwicklung der modernen Medikamente wurden sie gezielt gegen verschiedene Krankheiten und Beschwerden eingesetzt. Unsere Tonics werden wie Kräutertees zubereitet, sind aber konzentrierter. Trinken Sie diese Zubereitungen am besten in kleinen Portionen über den Tag verteilt.

Was sind Detox-Drinks?

Diese Getränke aus Wasser, Kräutern und Früchten fördern die Ausscheidung von Giftstoffen. Sie stärken das Immunsystem und wirken blutreinigend. Bei der Zubereitung setzt man die Pflanzenteile mit kaltem Wasser an und lässt sie über Nacht im Kühlschrank ziehen.

ZUTATEN IM PORTRÄT

Mit welchen Inhaltsstoffen punkten die einzelnen Pflanzen und wie wirken sie? Hier unsere wichtigsten Teezutaten kurz vorgestellt.

Geißblatt – *Die Kletterpflanze wird in der chinesischen Medizin zur Entgiftung und gegen Fieber eingesetzt. Die Blüten besitzen antibakterielle Inhaltsstoffe und wirken lindernd bei Husten.*

grüner Tee – *Der relativ schwach behandelte Tee ist reich an Antioxidantien. Er enthält vor allem Katechine, die der Zellalterung vorbeugen. Zudem senkt er den Cholesterinspiegel, regt den Stoffwechsel an, wirkt entspannend und beruhigend.*

Himbeerblätter – *Sie spenden Energie, sind reich an Vitaminen und Mineralstoffen.*

Ingwer – *Die Wurzel besitzt entzündungshemmende und antiallergische Wirkstoffe. Ingwer hilft gegen Reisekrankheit und ist ein natürlicher Geschmacksverstärker.*

Olivenblätter – *Sie sind reich an Antioxidantien und Vitamin C, wirken antibakteriell und stärken die natürlichen Abwehrkräfte des Körpers. Wertvoll für die Gesundheit des gesamten Körpers.*

Oolong-Tee – *Seine Blätter sind nur halbfermentiert. Der Tee besitzt dieselben Eigenschaften wie grüner und schwarzer Tee, schmeckt aber fruchtiger. Reich an Koffein unterstützt er die Gewichtsreduktion.*

Minze – *Wirkt lindernd bei Kopfschmerzen und Anspannung.*

Rooibos-Tee – *Der von Natur aus koffeinfreie Tee enthält die Bioflavonoide Rutin und Quercitin. Sie hemmen die Ausschüttung von Histamin und wirken antiallergisch. Rooibos lindert auch Hautreizungen.*

Rosmarin – *Seine grünen Nadeln stärken Herz und Verdauung und kurbeln die Fettverbrennung an.*

Rotklee – *Blüten und Blätter wirken entgiftend und blutreinigend. Sie fördern vor allem den Abbau von Schwermetallen und chemischen Giftstoffen, z. B. Drogen.*

Salbei – *Er fördert die Ausschüttung von Verdauungsenzymen, regt die Leber an und senkt den Blutzuckerspiegel.*

schwarzer Tee – *Er stammt zwar von derselben Pflanze wie grüner Tee, doch sind seine Blätter infolge der Oxidation schwarz. Der Tee beugt Herzkrankheiten vor, stärkt das Immunsystem und reguliert den Blutzuckerspiegel.*

Vanille und Anis – *Beide wirken gegen Heißhunger, sind stimmungsaufhellend, lindern Magenbeschwerden und sind reich an Antioxidantien.*

weißer Tee – *Der weitgehend unbehandelte Tee hat den geringsten Koffeingehalt aller Teesorten. Er senkt Cholesterinspiegel und Blutdruck und besitzt antibakterielle Eigenschaften.*

Zimt – *Die Rinde des Zimtbaumes ist reich an Antioxidantien, senkt den Cholesterinspiegel und wirkt lindernd bei Arthritis.*

schwarzer
Tee

getrocknete
Himbeerblätter

Rotklee

Ingwer

Rooibos-
Tee

Zimt

Geißblatt

Rosmarin

grüner
Tee

Salbei

Minze

Oolong-Tee

Olivenblätter

Vanille

Anis

weißer
Tee

TEES AUS GETROCKNETEN KRÄUTERN

Frisch gebrüht schmecken sie am besten.
Genießen Sie grünen, schwarzen, weißen,
Oolong- und Rooibos-Tee verfeinert mit
Kräutern und Gewürzen. Noch ein Tipp:
Kaufen Sie Tee wenn möglich lose.

Grüner Erkältungskiller
Schwarzer Tee & Koriander
Zitroniger Oolong • Jungbrunnen mit Vanille
Rooibos, Ingwer & Melisse • Blasen- und Nierentee
Ingwer & Zitrone • Nervenwohl
Magenschmeichler • Frauengold • Kamille & Piment
Pu-Erh-Tee mit Ingwer • Rotklee & Pfefferminze
Löwenzahn-Digestivo • Rosiger Beinwelltee
Wärmender Gerstentrank • Buchweizen & Anis
Milde Blüte • Verdauungstee mit Linde
Grüner Jasmintee • Brennnessel & Orange
Olivenblätter & Safran • Rooibos-Pfirsich-Eistee
Geeister Himbeertee • Erdbeer-Eistee
Klassischer Eistee mit Orange
Weißer Pfirsich-Eistee • Eistee mit Rotklee & Yuzu

GRÜNER ERKÄLTUNGSKILLER

Für 1 Person – Ziehen: 3 Minuten

ZUTATEN

1 TL oder 1 Beutel grüner Tee • 1 Handvoll getrocknete Minze

1 Handvoll getrocknete Zitronenverbene • 1 TL Zitronensaft

1 TL Honig (nach Belieben)

Grüner Tee wirkt lindernd bei chronischem Husten, Erkältung und Halsschmerzen. Daneben regt er auch die Zellerneuerung an.

I *Stärkt das Immunsystem* **H** *Harntreibend* **W** *Fördert die Wundheilung*

Tee, Minze und Verbene mit 225 ml kochendem Wasser übergießen und 3 Minuten ziehen lassen. Dann in eine Tasse abgießen. Zitronensaft und nach Belieben Honig einrühren und den Tee in kleinen Schlucken trinken.

SCHWARZER TEE & KORIANDER

Für 1 Person – Ziehen: 4 Minuten

ZUTATEN

1 TL oder 1 Beutel schwarzer Tee

½ TL Korianderkörner, leicht zerstoßen • 1 Streifen Bio-Orangenschale (5 cm)

1 TL Honig (nach Belieben)

Schwarzer Tee reduziert die Bildung von Zahnbelag.

I *Stärkt das Immunsystem*   **SK** *Stärkt die Knochen*   **SA** *Stimmungsaufhellend*

Tee, Koriander und Orangenschale mit 225 ml kochendem Wasser übergießen
und 4 Minuten ziehen lassen. Dann in eine Tasse abgießen. Nach Belieben
den Honig einrühren und den Tee in kleinen Schlucken trinken.

ZITRONIGER OOLONG

Für 1 Person – Ziehen: 3 Minuten

ZUTATEN

1 TL oder 1 Beutel Oolong-Tee • 1 Streifen Bio-Zitronenschale (5 cm)

1 TL Zitronensaft • 1 TL Honig (nach Belieben)

Oolong-Tee beugt Karies vor, lindert Stress und hilft beim Abnehmen.
Zitrone ist vitaminreich und wirkt harntreibend.

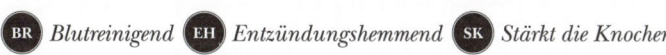 **BR** *Blutreinigend* **EH** *Entzündungshemmend* **SK** *Stärkt die Knochen*

Tee und Zitronenschale mit 225 ml kochendem Wasser übergießen und
3 Minuten ziehen lassen. Dann in eine Tasse abgießen. Zitronensaft und nach
Belieben Honig einrühren und den Tee in kleinen Schlucken trinken.

JUNGBRUNNEN MIT VANILLE

Für 1 Person – Ziehen: 5 Minuten

ZUTATEN
1 TL oder 1 Beutel weißer Tee

1 TL Vanilleextrakt oder Mark von ½ Vanilleschote

¼ TL gemahlener Zimt • ¼ TL getrocknete Jasminblüten

Weißer Tee enthält Antioxidantien. Sie beugen der Zellalterung vor und lassen die Haut strahlen. Jasmin beruhigt bei Anspannung und Nervosität.

FV *Fördert die Verdauung*   **B** *Beruhigend*   **RL** *Reinigt die Leber*

Tee, Vanille, Zimt und Jasminblüten mit 225 ml kochendem Wasser übergießen und 5 Minuten ziehen lassen. Dann in eine Tasse abgießen, umrühren und den Tee in kleinen Schlucken trinken.

ROOIBOS, INGWER & MELISSE

Für 1 Person – Ziehen: 4 Minuten

ZUTATEN

1 TL oder 1 Beutel Rooibos-Tee • 1 TL getrocknete Melisse

3 dünne Scheiben Ingwer • 3 Gewürznelken

1 TL Zitronensaft • 1 Bio-Zitronenscheibe

1 TL Honig (nach Belieben)

Der sanfte Rooibos beruhigt bei nervlicher Anspannung oder Übelkeit
und lindert auch Allergien.

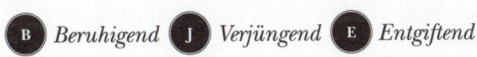

B *Beruhigend* **J** *Verjüngend* **E** *Entgiftend*

Tee, Melisse, Ingwer und Nelken mit 225 ml kochendem Wasser übergießen
und 4 Minuten ziehen lassen. Dann in eine Tasse abgießen. Zitronensaft,
Zitronenscheibe und nach Belieben Honig einrühren und den Tee
in kleinen Schlucken trinken.

BLASEN- UND NIERENTEE

Für 1 Person – Ziehen: 5–8 Minuten

ZUTATEN

12 g geschrotete Goldleinsamen • 1 Stängel frische Pfefferminze (ca. 5 cm)

1 Streifen Bio-Zitronenschale (5 cm)

2 Bio-Zitronenscheiben • Saft von ½ Zitrone • 2 TL Honig

Dieser Tee wirkt sehr lindernd bei Harnwegsinfektionen. Bei akuten Beschwerden 7 Tage lang täglich 2 Tassen trinken.

FV *Fördert die Verdauung* **NL** *Reinigt Nieren und Leber* **B** *Beruhigend*

Leinsamen, Minze und Zitronenschale mit 225 ml kochendem Wasser übergießen und 5–8 Minuten ziehen lassen. Dann in eine Tasse abgießen. Zitronenscheiben, Zitronensaft und Honig einrühren und den Tee in kleinen Schlucken trinken.

INGWER & ZITRONE

Für 1 Person – Ziehen: 5 Minuten

ZUTATEN

60 g Ingwer, geschält und in dünne Scheiben geschnitten

1 Streifen Bio-Zitronenschale (5 cm) • ½ EL Zitronensaft • 2 TL Honig

¼ TL Cayennepfeffer (nach Belieben)

Dieser Tee ist eine echte Wunderwaffe bei Erkältungen. Cayennepfeffer wirkt antiseptisch und lindert Halsentzündungen. Bei akuten Beschwerden 2 Tage lang täglich 3 Tassen in kleinen Schlucken trinken.

RK *Regt den Kreislauf an* **B** *Beruhigend* **EH** *Entzündungshemmend*

Die Ingwerscheiben mit 225 ml kochendem Wasser übergießen und mit einem Löffelrücken andrücken. Zitronenschale und -saft, Honig und nach Belieben Cayennepfeffer einrühren und 5 Minuten ziehen lassen. Dann in eine Tasse abgießen und den Tee in kleinen Schlucken trinken.

NERVENWOHL

Für 1 Person – Kochen: 5 Minuten

ZUTATEN
1 TL Fenchelsamen • 2 TL Kümmelsamen • 2 TL Honig
1 Prise gemahlener Piment • 1 Streifen Bio-Zitronenschale (5 cm)
1 TL getrocknete Melisse

Dieser Absud beruhigt bei Stress und nervlicher Anspannung. Kümmel reguliert die Verdauung, Fenchel besitzt entgiftende Eigenschaften.

LS *Lindert Stress* **FV** *Fördert die Verdauung* **RN** *Reinigt die Nieren*

Fenchel, Kümmel, Honig, Piment, Zitronenschale und 225 ml Wasser in einen Topf geben. Aufkochen und 5 Minuten köcheln lassen. Dann in eine Tasse abgießen, die Melisse zufügen und den Tee in kleinen Schlucken trinken.

MAGENSCHMEICHLER

Für 1 Person – Ziehen: 5 Minuten

ZUTATEN
1 TL oder 1 Beutel grüner Tee • 2 TL getrocknete Kamillenblüten
3 Kardamomkapseln, zerstoßen • 1 Streifen Bio-Orangenschale (5 cm)
1 Stängel frische Minze

Kardamom regt die Verdauung an – besonders, wenn man den Tee nach dem Essen trinkt. Kamille ist für ihre beruhigende Wirkung bekannt.

FV *Fördert die Verdauung* **B** *Beruhigend* **EH** *Entzündungshemmend*

Tee, Kamillenblüten, Kardamom, Orangenschale und Minze mit 225 ml kochendem Wasser übergießen und 5 Minuten ziehen lassen. Dann in eine Tasse abgießen, umrühren und den Tee in kleinen Schlucken trinken.

FRAUENGOLD

Für 1 Person – Ziehen: 5 Minuten

ZUTATEN

1 TL Kümmelsamen • ½ TL Kreuzkümmelsamen

1 Zimtstange

Dieser duftende Aufguss wirkt lindernd bei Wechseljahresbeschwerden und begleitet Sie sanft durch diese turbulente Zeit.

AB *Antibakteriell* **B** *Beruhigend* **FV** *Fördert die Verdauung*

Kümmel, Kreuzkümmel und Zimt mit 225 ml kochendem Wasser übergießen und 5 Minuten ziehen lassen. Dann in eine Tasse abgießen, umrühren und den Tee in kleinen Schlucken trinken.

KAMILLE & PIMENT

Für 1 Person – Ziehen: 5 Minuten

ZUTATEN

1 TL getrocknete Kamillenblüten • 1 TL getrocknete Melisse
3 Pimentkörner, leicht zerstoßen • ½ TL Honig

Als abgekühlte Gurgellösung vertreibt dieser Tee Halsschmerzen sowie Entzündungen von Zahnfleisch und Mundschleimhaut.

(B) *Beruhigend* (EH) *Entzündungshemmend* (EN) *Entspannend*

Kamillenblüten, Melisse und Piment mit 225 ml kochendem Wasser übergießen und 5 Minuten ziehen lassen. Dann in eine Tasse abgießen. Den Honig einrühren und den Tee in kleinen Schlucken trinken.

PU-ERH-TEE MIT INGWER

Für 1 Person – Ziehen: 5 Minuten

ZUTATEN

1 TL oder 1 Beutel Pu-Erh-Tee

60 g Ingwer, geschält und in dünne Scheiben geschnitten

1 Streifen Bio-Limettenschale (5 cm) • Saft von ½ Limette

Pu-Erh-Tee ist ein ausgezeichnetes Antioxidans. Er kann Blutdruck,
Cholesterin- und Blutzuckerspiegel senken.

RK *Regt den Kreislauf an* *Entzündungshemmend* **B** *Beruhigend*

Tee, Ingwer und Limettenschale mit 225 ml kochendem Wasser
übergießen und 5 Minuten ziehen lassen. Dann in eine Tasse abgießen.
Den Limettensaft einrühren und den Tee in kleinen Schlucken trinken.

ROTKLEE & PFEFFERMINZE

Für 1 Person – Ziehen: 5 Minuten

ZUTATEN

1 TL getrocknete Rotkleeblüten

4 Stängel frische Pfefferminze

Rotklee ist ein bewährtes Mittel gegen Darmträgheit.
Die Minze sorgt für einen klaren Kopf.

EH *Entzündungshemmend* **FV** *Fördert die Verdauung* **RL** *Reinigt die Leber*

Rotkleeblüten und Minze mit 225 ml kochendem Wasser übergießen und
5 Minuten ziehen lassen. Dann in eine Tasse abgießen, umrühren
und den Tee in kleinen Schlucken trinken.

LÖWENZAHN-DIGESTIVO

Für 1 Person – Ziehen: 5 Minuten

ZUTATEN
1 TL getrocknete Löwenzahnblätter
1 Streifen Bio-Limettenschale (5 cm) • 1 TL Honig

Löwenzahn wirkt mild entwässernd. Er reguliert den Flüssigkeitshaushalt und beugt Darmträgheit und Blähungen vor.

H *Harntreibend* **ES** *Entschlackend* **FV** *Fördert die Verdauung*

Löwenzahn und Limettenschale mit 225 ml kochendem Wasser übergießen und 5 Minuten ziehen lassen. Dann in eine Tasse abgießen. Den Honig einrühren und den Tee in kleinen Schlucken trinken.

ROSIGER BEINWELLTEE

Für 1 Person – Ziehen: 5 Minuten

ZUTATEN

1 TL getrocknete Beinwellblätter • 1 TL getrocknete Rosenblüten

3 grüne Kardamomkapseln, zerstoßen • 1 TL Apfelessig

Rosenblüten fördern die Entspannung, Beinwell ist für seine umfassende Heilwirkung bekannt. Den Tee nicht länger als 10 Tage am Stück trinken.

SK *Stärkt die Knochen*　**GH** *Gut für die Haut*　**H** *Harntreibend*

Beinwell, Rosenblüten und Kardamom mit 225 ml kochendem Wasser übergießen und 5 Minuten ziehen lassen. Dann in eine Tasse abgießen. Den Essig einrühren und den Tee möglichst heiß in kleinen Schlucken trinken.

WÄRMENDER GERSTENTRANK

Für 1 Person – Kochen: 6 Minuten, plus 2 Minuten Ziehen

ZUTATEN

60 g geröstete Gerste (z. B. Mugicha aus Japan oder Orzo aus Italien)

1 Streifen Bio-Orangenschale (5 cm)

1 EL getrocknete Cranberrys, gehackt

Eine feiner Tee für kalte Tage. Die Gerste wärmt nämlich
wunderbar von innen.

EH *Entzündungshemmend* **E** *Entgiftend* **RN** *Reinigt die Nieren*

Die Gerste mit 450 ml Wasser in einem Topf aufkochen und 6 Minuten
köcheln lassen. Dann durch ein Mulltuch filtern und den Sud in den Topf
zurückgießen. Orangenschale und Cranberrys zugeben, aufkochen und
2 Minuten ziehen lassen. Den Tee in zwei Tassen abgießen. Eine Tasse
warm trinken, die zweite Tasse kühlen und später genießen.

BUCHWEIZEN & ANIS

Für 1 Person – Ziehen: 8 Minuten

ZUTATEN

1 TL gerösteter Buchweizen

1 TL Anissamen, leicht zerstoßen

Buchweizen trägt zur Stabilisierung des Blutzuckerspiegels bei.

 **FV** *Fördert die Verdauung* **B** *Beruhigend* **H** *Harntreibend*

Buchweizen und Anis mit 225 ml kochendem Wasser übergießen und
8 Minuten ziehen lassen. Dann in eine Tasse abgießen, umrühren
und den Tee in kleinen Schlucken trinken.

MILDE BLÜTE

Für 1 Person – Ziehen: 5 Minuten

ZUTATEN

1 TL getrocknete Lindenblüten

1 TL getrocknete Lavendelblüten • 1 grüne Kardamomkapsel

2 dünne Scheiben Ingwer • 1 TL Honig

Diese zart duftende Zubereitung entspannt bei Stress und lindert
Muskelverspannungen und Krämpfe.

 **EN** *Entspannend* **AB** *Antibakteriell* **FV** *Fördert die Verdauung*

Linden- und Lavendelblüten, Kardamom und Ingwer mit 225 ml kochendem
Wasser übergießen und 5 Minuten ziehen lassen. Dann in eine Tasse
abgießen. Den Honig einrühren und den Tee in kleinen Schlucken trinken.

VERDAUUNGSTEE MIT LINDE

Für 1 Person – Ziehen: 5 Minuten

ZUTATEN

1 TL getrocknete Lindenblüten

1 Streifen Bio-Zitronenschale (5 cm) • Saft von ½ Zitrone

1 TL Honig

Lindenblüten sind ein ausgezeichnetes Mittel
gegen Verdauungsbeschwerden.

B *Beruhigend* **H** *Harntreibend* **BR** *Blutreinigend*

Lindenblüten und Zitronenschale mit 225 ml kochendem Wasser übergießen
und 5 Minuten ziehen lassen. Dann in eine Tasse abgießen. Zitronensaft und
Honig einrühren und den Tee in kleinen Schlucken trinken.

GRÜNER JASMINTEE

Für 1 Person – Ziehen: 3–5 Minuten

ZUTATEN

1 TL oder 1 Beutel grüner Tee

1 TL getrocknete Jasminblüten • 3 Gewürznelken

1 Streifen Bio-Zitronenschale (5 cm) • Saft von ½ Zitrone • 1 TL Honig

Genießen Sie diesen Tee nach dem Essen, er regt die Verdauung sanft an.
Schwangere jedoch verzichten besser auf Jasmintee.

B *Beruhigend* **LA** *Lindert Anspannung* **I** *Stärkt das Immunsystem*

Tee, Jasminblüten und Gewürznelken mit 225 ml kochendem Wasser
übergießen und 3–5 Minuten ziehen lassen. Dabei häufig umrühren. Dann in
eine Tasse abgießen. Zitronenschale, Zitronensaft und Honig einrühren
und den Tee in kleinen Schlucken trinken.

BRENNNESSEL & ORANGE

Für 1 Person – Ziehen: 3 Minuten

ZUTATEN

1 TL oder 1 Teebeutel getrocknete Brennnesselblätter

1 Streifen Bio-Orangenschale (5 cm)

1 TL Honig • 1 Bio-Orangenscheibe

Brennnessel wirkt lindernd bei Gelenkentzündungen und
arthritischen Beschwerden.

I *Stärkt das Immunsystem* **GH** *Gut für die Haut* **SN** *Stärkt die Nierenfunktion*

Brennnesselblätter und Orangenschale mit 225 ml kochendem Wasser
übergießen und 3 Minuten ziehen lassen. Dann in eine Tasse abgießen. Den
Honig einrühren, die Orangenscheibe zugeben und den Tee in
kleinen Schlucken trinken.

OLIVENBLÄTTER & SAFRAN

Für 1 Person – Ziehen: 6 Minuten

ZUTATEN
1 TL oder 1 Teebeutel getrocknete Olivenblätter
1 Prise gemahlener Safran • 1 TL Honig

Olivenblätter empfehlen sich besonders für Diabetiker, da sie den Blutzuckerspiegel günstig beeinflussen.

 **BL** *Belebend* **I** *Stärkt das Immunsystem* **RK** *Regt den Kreislauf an*

Olivenblätter und Safran mit 225 ml kochendem Wasser übergießen und 6 Minuten ziehen lassen. Dann in eine Tasse abgießen. Den Honig einrühren und den Tee in kleinen Schlucken trinken.

ROOIBOS-PFIRSICH-EISTEE

Für 2 Personen – Ziehen: 3 Minuten

ZUTATEN

1 TL oder 1 Beutel Rooibos-Tee • 250 ml frisch gepresster Pfirsichsaft
1 Pfirsichspalte, längs halbiert • 1 Bio-Zitronenscheibe, halbiert
2 Stängel frische Minze • Eiswürfel

Der gekühlte Tee enthält Kupfer. Dieses Spurenelement verbessert
die Eisenaufnahme im Körper.

M *Mineralstoffreich* **A** *Antioxidans* **RK** *Regt den Kreislauf an*

Den Tee mit 225 ml kochendem Wasser übergießen und 3 Minuten ziehen
lassen. Dann in zwei Gläser abgießen und abkühlen lassen.
Jeweils die Hälfte von Pfirsichsaft und Pfirsich, ½ Zitronenscheibe und
1 Minzestängel in den Tee rühren und mit Eiswürfeln servieren.

GEEISTER HIMBEERTEE

Für 1 Person – Ziehen: 5 Minuten

ZUTATEN

1 TL oder 1 Teebeutel getrocknete Himbeerblätter

18 Himbeeren • 1 Zimtstange • 2 Gewürznelken

1 Streifen Bio-Zitronenschale (5 cm) • 1 Stängel frische Minze

2 Gurkenscheiben • 1 TL Honig (nach Belieben) • Eiswürfel

Himbeerblätter werden in der Geburtshilfe zur Anregung von Uteruskontraktionen eingesetzt. Den Tee daher nicht in den ersten Schwangerschaftsmonaten trinken.

FV *Fördert die Verdauung* **SN** *Stärkt die Nierenfunktion* **LH** *Lindert Halsschmerzen*

Himbeerblätter, 6 Himbeeren, Zimt und Nelken mit 225 ml kochendem Wasser übergießen. Die Zitronenschale einrühren und 5 Minuten ziehen lassen. Dann in eine Tasse abgießen und abkühlen lassen. Restliche Himbeeren, Minze, Gurken und nach Belieben Honig einrühren. Den Tee durch ein Sieb in ein Glas gießen und mit Eiswürfeln servieren.

ERDBEER-EISTEE

Für 1 Person – Ziehen: 3 Minuten, plus 8 Minuten Kochen

ZUTATEN

1 TL oder 1 Beutel grüner Tee • 1 Streifen Bio-Zitronenschale (5 cm)

6 Erdbeeren, entkelcht und geviertelt

1 TL Honig • Eiswürfel

Dieser kühlende Eistee ist gut für das Herz und senkt
zusätzlich den Cholesterinspiegel.

A *Antioxidans* **H** *Harntreibend* **W** *Fördert die Wundheilung*

Den Tee mit 225 ml kochendem Wasser übergießen und 3 Minuten ziehen
lassen. Dann abgießen, die Zitronenschale zugeben und abkühlen lassen.
Erdbeeren, Honig und 2 EL Wasser in einem Topf 8 Minuten kochen lassen,
bis die Beeren weich sind. Durch ein Sieb in ein Glas gießen, den Tee samt
Zitronenschale zugießen und mit Eiswürfeln servieren.

KLASSISCHER EISTEE MIT ORANGE

Für 1 Person – Ziehen: 4 Minuten

ZUTATEN

1 TL oder 1 Beutel schwarzer Tee

2 Streifen Bio-Orangenschale (je 5 cm) • 1 Zimtstange

Saft von ½ Orange • 1 TL Honig • Eiswürfel

Schwarzer Tee leistet einen wertvollen Beitrag zu einer ausgewogenen Ernährung, denn er enthält andere Antioxidantien als Obst und Gemüse.

BL *Belebend* **EN** *Entspannend* **FV** *Fördert die Verdauung*

Tee, Orangenschale und Zimt mit 225 ml kochendem Wasser übergießen und 4 Minuten ziehen lassen. Dann in ein Glas abgießen. Orangensaft und Honig einrühren und den Tee ganz abkühlen lassen. Mit Eiswürfeln servieren.

WEISSER PFIRSICH-EISTEE

Für 1 Person – Ziehen: 4 Minuten

ZUTATEN

1 TL oder 1 Beutel weißer Tee

1 Stück Ingwer (2,5 cm), geschält und ausgepresst • 1 TL Honig

Saft von ½ Zitrone • 1 Pfirsich, gewürfelt • 1 Stängel frische Minze • Eiswürfel

Weißer Tee besitzt antibakterielle Stoffe, die den Körper bei der Abwehr von Infektionen unterstützen. Pfirsiche sind reich an Vitaminen und Ballaststoffen.

BR *Blutreinigend* **RH** *Rehydrierend* **FV** *Fördert die Verdauung*

Den Tee mit 225 ml kochendem Wasser übergießen und 4 Minuten ziehen lassen. Dann in eine Tasse abgießen und ganz abkühlen lassen. Ingwer, Honig und Zitronensaft in einem Glas verrühren. Den Pfirsich untermischen und mit dem Tee aufgießen. Die Minze zufügen und mit Eiswürfeln servieren.

EISTEE MIT ROTKLEE & YUZU

Für 1 Person – Ziehen: 5 Minuten

ZUTATEN

1 TL oder 1 Teebeutel getrocknete Rotkleeblüten

2 Stängel frische Minze • 1 TL Honig • 2 Tropfen Yuzusaft

abgeriebene Schale und Saft von ½ Bio-Zitrone • Eiswürfel

Yuzu enthält Antioxidantien und Vitamin C. Der abgekühlte Tee kann zum Einreiben bei Ekzemen, Schuppenflechte oder Sonnenbrand verwendet werden.

EH *Entzündungshemmend* **FV** *Fördert die Verdauung* **I** *Stärkt das Immunsystem*

Die Rotkleeblüten mit 225 ml kochendem Wasser übergießen und 5 Minuten ziehen lassen. Dann in eine Tasse abgießen. Minze, Honig, Yuzusaft, Zitronenschale und -saft zugeben und ganz abkühlen lassen. Den Tee umrühren, in ein Glas abgießen und mit Eiswürfeln servieren.

TEES
AUS FRISCHEN
KRÄUTERN

Stärken Sie Ihre Gesundheit

mit frischen Kräutern und Wildblüten.

Diese Zubereitungen verhelfen

Ihnen zu einem langen, vitalen Leben.

Geißblättchen • Kopfschmerztee mit Lorbeer
Vitaminbombe • Spicy Granatapfel
Klarer Kopf • Katzenminze & Verbene
Sellerie-Detox • Sanfter Rosmarintee
Rotklee, Honig & Zitrone • Grüne Wonne
Belebender Minztee • Relaxtee mit Lavendel
Anti-Stress-Trunk • Feel good
Kater-Tee • Olivenblätter & Zimt
Basilikum-Ananas-Eistee

GEISSBLÄTTCHEN

Für 1 Person – Ziehen: 5 Minuten

ZUTATEN

1 Handvoll frische Geißblattblüten und -blätter

1 TL Honig

Frisch gebrühter Tee aus Geißblatt lindert Erkältungen und
leichte Asthma-Beschwerden.

AB *Antibakteriell*   **E** *Entgiftend*   **B** *Beruhigend*

Geißblattblüten, -blätter und Honig mit 225 ml kochendem Wasser übergießen
und 5 Minuten ziehen lassen. Dann umrühren und in eine Tasse abgießen.
Den Tee in kleinen Schlucken trinken.

KOPFSCHMERZTEE MIT LORBEER

Für 1 Person – Ziehen: 5 Minuten

ZUTATEN

2 frische Lorbeerblätter • 1 Streifen Bio-Orangenschale (2,5 cm)
1 Prise gemahlener Zimt • ½ Bio-Orangenscheibe

Die Blätter des immergrünen Lorbeerbaums wirken lindernd
bei Kopfschmerzen.

EH *Entzündungshemmend* **RH** *Rehydrierend* **FV** *Fördert die Verdauung*

Lorbeerblätter, Orangenschale und Zimt mit 225 ml kochendem Wasser
übergießen und 5 Minuten ziehen lassen. Dann in eine Tasse abgießen. Die
Orangenscheibe zugeben und den Tee in kleinen Schlucken trinken.

VITAMINBOMBE

Für 1 Person – Ziehen: 5 Minuten

ZUTATEN

1 kleine Handvoll frische Wegwartenblätter und -blüten

1 Streifen Bio-Orangenschale (5 cm) • ½ TL Honig

Die Wegwarte ist reich an Vitamin B, C, K. Zudem enthält sie Flavonoide.

BR *Blutreinigend* **RL** *Reinigt die Leber* **SW** *Regt den Stoffwechsel an*

Wegwartenblätter, -blüten, Orangenschale und Honig mit 225 ml kochendem Wasser übergießen und 5 Minuten ziehen lassen. Dann in eine Tasse abgießen. Den Tee umrühren und in kleinen Schlucken trinken.

SPICY GRANATAPFEL

Für 1 Person – Ziehen: 5 Minuten

ZUTATEN

½ kleiner Bio-Granatapfel, in 4–5 Stücke geteilt

1 Streifen Bio-Orangenschale (5 cm)

1 Kardamomkapsel, zerstoßen • 1 TL oder 1 Beutel grüner Tee

Die Schale des Granatapfels ist reich an Antioxidantien
und steckt voller Vitamin C.

 *Entgiftend*  *Vitaminreich*  *Gut für die Haut*

Granatapfel, Orangenschale, Kardamom und Tee mit 225 ml kochendem
Wasser übergießen und 5 Minuten ziehen lassen. Dann in eine Tasse abgießen.
Den Tee umrühren und in kleinen Schlucken trinken.

KLARER KOPF

Für 1 Person – Ziehen: 5 Minuten

ZUTATEN

10 Gewürznelken, leicht zerstoßen • 4 frische Salbeiblätter
1 TL Honig • 1 Bio-Zitronenscheibe

Dieser würzige Tee stärkt das Gedächtnis – genau richtig,
wenn eine Prüfung ansteht.

EN *Entspannend*   **FV** *Fördert die Verdauung*   **B** *Beruhigend*

Nelken und Salbei mit 225 ml kochendem Wasser übergießen und
5 Minuten ziehen lassen. Dann in eine Tasse abgießen. Den Honig einrühren,
die Zitronenscheibe zugeben und den Tee in kleinen Schlucken trinken.

KATZENMINZE & VERBENE

Für 1 Person – Ziehen: 5 Minuten

ZUTATEN

1 Stängel frische Katzenminze (ca. 5 cm, ersatzweise Pfefferminze)

1 Stängel frische Zitronenverbene (ca. 5 cm)

2 Kardamomkapseln, zerstoßen

1 TL Honig • 1 Prise gemahlener Zimt

Katzenminze hat einen besonders würzigen Duft und wirkt lindernd bei Magenverstimmungen.

B *Beruhigend* **FV** *Fördert die Verdauung* **V** *Vitaminreich*

Minze, Zitronenverbene und Kardamom mit 225 ml kochendem Wasser übergießen und 5 Minuten ziehen lassen. Dann in eine Tasse abgießen und den Honig einrühren. Den Tee mit Zimt bestreuen und in kleinen Schlucken trinken.

SELLERIE-DETOX

Für 1 Person – Ziehen: 5 Minuten

ZUTATEN

1 TL Selleriesamen • ¼ TL Fenchelsamen • Saft von ½ Zitrone
3 Blätter frisches Selleriegrün • 1 TL Honig

Sellerie fördert die Ausscheidung von Giftstoffen.

SK *Stärkt die Knochen* **E** *Entgiftend* **H** *Harntreibend*

Sellerie- und Fenchelsamen, Zitronensaft, Selleriegrün und Honig mit 225 ml
kochendem Wasser übergießen und 5 Minuten ziehen lassen. Dann in eine Tasse
abgießen. Umrühren und den Tee in kleinen Schlucken trinken.

SANFTER ROSMARINTEE

Für 1 Person – Ziehen: 5 Minuten

ZUTATEN

1 Stängel frischer Rosmarin (ca. 5 cm) • 1 Streifen Bio-Orangenschale (5 cm)

4 Gewürznelken • 1 TL Zitronensaft • 1 TL Honig

Rosmarin ist ein bewährtes Mittel gegen Anspannung. Seine grünen Nadeln helfen auch bei Depressionen.

BL *Belebend* **EH** *Entzündungshemmend* **J** *Verjüngend*

Rosmarin, Orangenschale, Nelken, Zitronensaft und Honig mit 225 ml kochendem Wasser übergießen und 5 Minuten ziehen lassen. Dann in eine Tasse abgießen. Umrühren und den Tee in kleinen Schlucken trinken.

ROTKLEE, HONIG & ZITRONE

Für 1 Person – Ziehen: 5 Minuten

ZUTATEN

5 frische Rotkleeblüten

1 TL Honig • Saft von ½ Zitrone

Rotklee ist an seinen rosa Blüten zu erkennen. Bei regelmäßiger Einnahme über mehrere Jahre fördert er die Fruchtbarkeit.

B *Beruhigend* **BR** *Blutreinigend* **J** *Verjüngend*

Rotkleeblüten, Honig und Zitronensaft mit 225 ml kochendem Wasser übergießen und 5 Minuten ziehen lassen. Dann in eine Tasse abgießen. Umrühren und den Tee in kleinen Schlucken trinken.

GRÜNE WONNE

Für 1 Person – Ziehen: 5 Minuten

ZUTATEN

1 TL Fenchelsamen

1 EL frisches Fenchelgrün • 4 frische Basilikumblätter

1 TL Apfelessig

Fenchel wirkt blutreinigend und lindernd bei
übermäßiger Wassereinlagerung.

E *Entgiftend*   **FV** *Fördert die Verdauung*   **H** *Harntreibend*

Fenchelsamen, Fenchelgrün, Basilikum und Apfelessig mit 225 ml
kochendem Wasser übergießen und 5 Minuten ziehen lassen. Dann in eine
Tasse abgießen. Umrühren und den Tee in kleinen Schlucken trinken.

BELEBENDER MINZTEE

Für 1 Person – Ziehen: 5 Minuten

ZUTATEN

1 EL frische Zitronenverbenenblätter

1 EL frische Minzeblätter

Seit Jahrhunderten ist Minze wohlbekannt für ihre verdauungsfördernde Wirkung.

E *Entgiftend* RL *Reinigt die Leber* BL *Belebend*

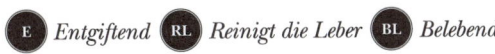

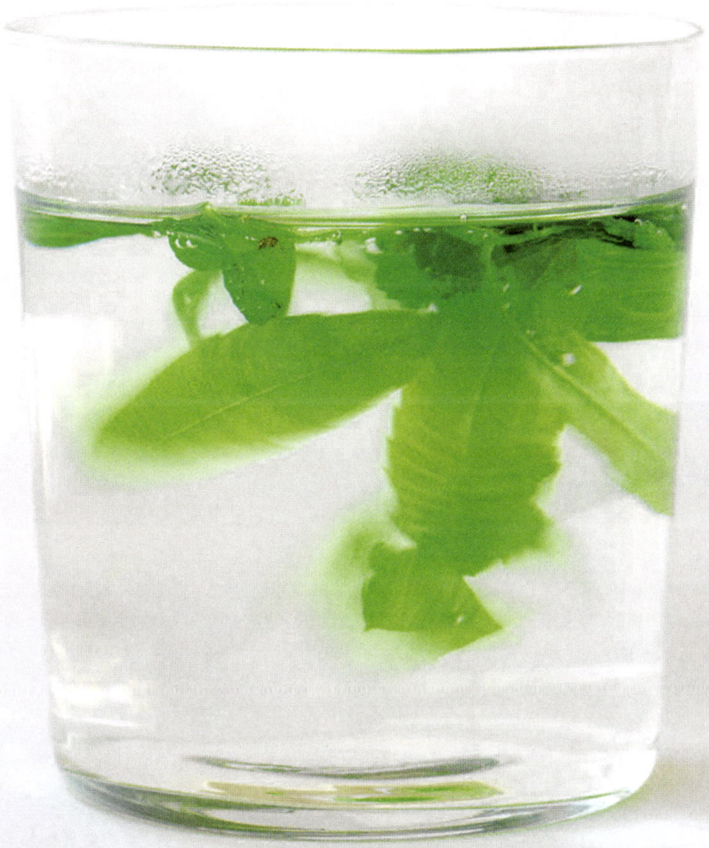

Verbenen- und Minzeblätter mit 225 ml kochendem Wasser übergießen und 5 Minuten ziehen lassen. Dann in eine Tasse abgießen. Umrühren und den Tee in kleinen Schlucken trinken.

RELAXTEE MIT LAVENDEL

Für 1 Person – Ziehen: 5 Minuten

ZUTATEN

2 Stängel frischer Bio-Lavendel

1 Stück Ingwer (2,5 cm), geschält und in Scheiben geschnitten

3 Kardamomkapseln, leicht zerstoßen • 1 TL Honig

Der zart duftende Lavendel lindert Anspannung
und verhilft Ihnen zu gutem Schlaf.

EN *Entspannend* **J** *Verjüngend* **SA** *Stimmungsaufhellend*

Lavendel, Ingwer und Kardamom mit 225 ml kochendem Wasser
übergießen und 5 Minuten ziehen lassen. Dann in eine Tasse abgießen. Den
Honig einrühren und den Tee in kleinen Schlucken trinken.

ANTI-STRESS-TRUNK

Für 1 Person – Ziehen: 4 Minuten

ZUTATEN

60 g frische Zitronenverbenenblätter • 1 Streifen Bio-Zitronenschale (5 cm)
1 Stück Ingwer (2,5 cm), geschält und in Scheiben geschnitten
1 TL Honig

Mit Zitronenverbene lassen sich durch Stress ausgelöste Beschwerden wunderbar vertreiben.

 **FV** *Fördert die Verdauung* **SA** *Stimmungsaufhellend* **B** *Beruhigend*

Zitronenverbene, Zitronenschale und Ingwer mit 225 ml kochendem Wasser übergießen und 4 Minuten ziehen lassen. Dann in eine Tasse abgießen. Den Honig einrühren und den Tee in kleinen Schlucken trinken.

FEEL GOOD

Für 1 Person – Ziehen: 5 Minuten

ZUTATEN

1 EL frische Majoranblätter • 2 frische Basilikumblätter

1 TL Zitronensaft • 1 TL Honig

Der zarte Tee mit Majoran ist ein prima Mittel, um die Stimmung
schnell aufzuhellen und Schmerzen zu lindern.

SA *Stimmungsaufhellend*   **FV** *Fördert die Verdauung*   **BA** *Befreit die Atemwege*

Majoran- und Basilikumblätter mit 225 ml kochendem Wasser übergießen.
Zitronensaft und Honig einrühren und 5 Minuten ziehen lassen. Dann in eine
Tasse abgießen, erneut umrühren und den Tee in kleinen Schlucken trinken.

KATER-TEE

Für 1 Person – Ziehen: 5 Minuten

ZUTATEN
60 g frische glatte Petersilienblätter • 60 g frisches Selleriegrün
1 TL Korianderkörner, leicht zerstoßen
1 Stängel frischer Thymian (ca. 5 cm) • 1 Bio-Zitronenscheibe

Sie haben abends ein bisschen zu tief ins Glas geschaut? Dann brühen Sie sich am nächsten Morgen diesen harntreibenden Tee.

 **V** *Vitaminreich* **RN** *Reinigt die Nieren* **E** *Entgiftend*

Petersilie, Sellerie, Koriander, Thymian und Zitronenscheibe mit 225 ml kochendem Wasser übergießen und 5 Minuten ziehen lassen. Dann in eine Tasse abgießen. Umrühren und Tee in kleinen Schlucken trinken.

OLIVENBLÄTTER & ZIMT

Für 1 Person – Ziehen: 5 Minuten

ZUTATEN

60 g frische Bio-Olivenblätter • 2 TL Apfelessig

1 Zimtstange

Olivenblätter sind ein altbewähres Mittel, um das Immunsystem des Körpers zu stärken.

 *Regt den Kreislauf an* **BR** *Blutreinigend* **BL** *Belebend*

Die Olivenblätter mit 225 ml kochendem Wasser übergießen und
5 Minuten ziehen lassen. Dann in eine Tasse abgießen. Den Essig zugeben,
mit der Zimtstange umrühren und den Tee in kleinen Schlucken trinken.

BASILIKUM-ANANAS-EISTEE

Für 1 Person – Ziehen: 3 Minuten

ZUTATEN

60 g frische Basilikumblätter • 1 Scheibe Ananas (ca. 2 cm dick)

6 dünne Bio-Gurkenscheiben mit Schale • Eiswürfel

Genießen Sie diesen Eistee nach dem Essen. Dann entfaltet sich die
entgiftende Wirkung des Basilikums am besten.

E *Entgiftend* **BR** *Blutreinigend* **EH** *Entzündungshemmend*

Das Basilikum mit 225 ml kochendem Wasser übergießen und 3 Minuten
ziehen lassen. Dann abgießen und ganz abkühlen lassen. Ananas, Gurken
und Eiswürfel im Mixer fein zerkleinern und in ein Glas füllen.
Den Basilikumtee dazugießen und sofort servieren.

TONICS

Revitalisierend, erfrischend und stärkend zugleich – gesunde Tonics aus frischen Zutaten besitzen einen besonders ausgeprägten Geschmack und lindern viele Beschwerden. Genießen Sie sie am besten in kleinen Schlucken.

Hustentonikum mit Rotklee
Grüner Immunbooster
Zitrone pur • Majoran & Ingwer
Sanfter Verdauungshelfer • Tausendsassa
Oregano & Ingwer • Duftende Hagebutte
Beauty-Tonic • Salbei & Pfefferminze
Stevia & Holunderbeeren • Kurkuma-Kokos-Wasser
Gute-Laune-Tonic • Grünes Wunder
Scharfes Azteken-Tonic • Nur die Ruhe
Mandelmilch mit Zimt • Pekannuss-Maca-Milch

HUSTENTONIKUM MIT ROTKLEE

Für 1 Person – Kochen: 8 Minuten

ZUTATEN

3 EL frische Rotkleeblüten oder 1 ½ EL Rotklee-Tee

Schale von ½ Bio-Zitrone • 60 g frische Salbeiblätter • 10 Gewürznelken

Saft von ½ Zitrone • 2 TL Honig

Diese würzige Zubereitung wirkt angenehm lindernd bei Husten.

B *Beruhigend* **SE** *Spendet Energie* **FV** *Fördert die Verdauung*

Rotklee, Zitronenschale, Salbei, Nelken und 2 EL Wasser in einen Topf geben.
Langsam aufkochen und 8 Minuten köcheln lassen. Dann abgießen und
Zitronensaft und Honig einrühren. Viermal täglich ½ Tasse heiß
in kleinen Schlucken trinken.

GRÜNER IMMUNBOOSTER

Für 1 Person – Ziehen: 6–7 Minuten

ZUTATEN

2 EL oder 1 Beutel grüner Tee • 1 Streifen Bio-Zitronenschale (5 cm)
1 EL Zitronensaft • 1 TL Honig

Grüner Tee ist reich an Antioxidantien und stärkt damit
das Immunsystem.

I *Stärkt das Immunsystem* **H** *Harntreibend* **RN** *Reinigt die Nieren*

Tee, Zitronenschale, -saft und Honig mit 225 ml kochendem Wasser
übergießen und 6–7 Minuten ziehen lassen. Dann in eine Tasse abgießen
(lose Teeblätter aufbewahren, sie können noch zweimal aufgebrüht werden).
Den Tee umrühren und in kleinen Schlucken trinken.

ZITRONE PUR

Für 1 Person – Ziehen: 3 Minuten

ZUTATEN

Schale von 1 Bio-Zitrone • 6 Bio-Zitronenscheiben

2 TL Honig

Zitrone wirkt blutreinigend. Zudem punktet die saure Frucht mit
antibakteriellen Eigenschaften.

V *Vitaminreich* **EH** *Entzündungshemmend* **AL** *Alkalisierend*

Zitronenschale und -scheiben mit 450 ml kochendem Wasser übergießen
und 3 Minuten ziehen lassen. Dann umrühren und abgießen.
Den Honig einrühren und alle 3 Stunden ½ halbe Tasse heiß oder kalt
in kleinen Schlucken trinken.

MAJORAN & INGWER

Für 1 Person – Ziehen: 5 Minuten

ZUTATEN

2 EL frische Majoranblätter • 2 EL frische Zitronenverbenenblätter

1 Stück Ingwer (2,5 cm), geschält und gehackt • 4 Gewürznelken

4 frische Minzeblätter • Saft von ½ Zitrone • 2 TL Honig

Dieses Tonikum lindert Muskelschmerzen in Beinen, Rücken und Nacken.
Außerdem hilft es bei Sodbrennen und Schlafstörungen.

FV *Fördert die Verdauung* **AB** *Antibakteriell* **B** *Beruhigend*

Majoran, Zitronenverbene, Ingwer und Nelken mit 450 ml kochendem Wasser
übergießen. Minze, Zitronensaft und Honig einrühren und 5 Minuten ziehen
lassen. Dann abgießen. Viermal täglich ½ Tasse heiß
in kleinen Schlucken trinken.

SANFTER VERDAUUNGSHELFER

Für 1 Person – Ziehen: 5 Minuten

ZUTATEN

2 EL frische Zitronenverbenenblätter

2 EL frische Minzeblätter • 1 TL Kümmelsamen, leicht zerstoßen

1 TL Fenchelsamen, leicht zerstoßen

Diese milde Zubereitung ist ein altbewährtes Mittel gegen Verdauungsbeschwerden.

 **B** *Beruhigend* **BR** *Blutreinigend* **E** *Entgiftend*

Zitronenverbene, Minze, Kümmel und Fenchel mit 450 ml kochendem Wasser übergießen und 5 Minuten ziehen lassen. Dann abgießen. Drei- bis viermal täglich ¼ Tasse heiß in kleinen Schlucken trinken.

TAUSENDSASSA

Für 1 Person – Ziehen: 5 Minuten

ZUTATEN

2 EL frisch geriebener Ingwer • 1 TL frisch geriebene Muskatnuss
Saft von ½ Zitrone

Mit diesem Tonic lassen sich alle möglichen Gesundheitsprobleme bekämpfen.
Trinken Sie es aber nicht täglich, denn die Muskatnuss ist hochwirksam.

FV *Fördert die Verdauung* **GH** *Gut für die Haut* **B** *Beruhigend*

Ingwer und Muskat mit 450 ml kochendem Wasser übergießen.
Den Zitronensaft einrühren und 5 Minuten ziehen lassen. Dann abgießen.
Drei- bis viermal täglich ¼ Tasse heiß in kleinen Schlucken trinken.

OREGANO & INGWER

Für 1 Person – Ziehen: 8 Minuten

ZUTATEN

2 EL frische Oreganoblätter • 1 Knoblauchzehe, zerdrückt

1 Stück Ingwer (2,5 cm), geschält und gerieben

Saft von ½ Zitrone

Zartgrün schimmert diese Zubereitung im Glas. Sie besitzt antibiotische Wirkung und schmeckt heiß oder kalt.

 **BI** *Bekämpft Infektionen* **V** *Vitaminreich* **FR** *Erfrischend*

Oregano, Knoblauch, Ingwer und Zitronensaft mit 450 ml kochendem Wasser übergießen und 8 Minuten ziehen lassen. Dann abgießen. Viermal täglich ½ Tasse heiß oder kalt in kleinen Schlucken trinken.

DUFTENDE HAGEBUTTE

Für 1 Person – Ziehen: 5 Minuten

ZUTATEN

4 EL getrocknete Hagebutten

1 Streifen Bio-Zitronenschale (2,5 cm) • 1 TL frisch geriebener Ingwer

Saft von ½ Zitrone • ½ TL gemahlener Zimt • 1 TL Honig

Das duftende Tonic aus Hagebutten ist ein altbewährtes Mittel gegen nervliche Anspannung und Erschöpfung.

I *Stärkt das Immunsystem* **FV** *Fördert die Verdauung* **LS** *Lindert Stress*

Hagebutten, Zitronenschale und Ingwer mit 450 ml kochendem Wasser übergießen. Zitronensaft, Zimt und Honig einrühren und 5 Minuten ziehen lassen. Dann abgießen und viermal täglich ½ Tasse heiß oder kalt in kleinen Schlucken trinken.

BEAUTY-TONIC

Für 1 Person – Ziehen: 7 Minuten

ZUTATEN
1 Stängel frischer Rosmarin
1 TL Honig

Rosmarin enthält tonisierende Inhaltsstoffe. Damit verbessert er Ihr äußeres Erscheinungsbild und lässt Sie strahlen.

 **J** *Verjüngend* **EH** *Entzündungshemmend* **BR** *Blutreinigend*

Den Rosmarin mit 450 ml kochendem Wasser übergießen und 7 Minuten ziehen lassen. Dann den Honig einrühren und abgießen. Viermal täglich ½ Tasse heiß oder kalt in kleinen Schlucken trinken.

SALBEI & PFEFFERMINZE

Für 1 Person – Ziehen: 6 Minuten

ZUTATEN
12 frische Salbeiblätter
1 Stängel frische Pfefferminze (ca. 5 cm)
Saft von ½ Zitrone • 1 TL Honig

Dieses Tonikum stärkt das Gedächtnis und wirkt beruhigend. Aber legen Sie nach zehntägiger Einnahme eine Pause von 2–3 Tagen ein.

B *Beruhigend* **FV** *Fördert die Verdauung* **FR** *Erfrischend*

Salbei und Minze mit 450 ml kochendem Wasser übergießen
und 6 Minuten ziehen lassen, anschließend in eine Tasse abgießen.
Dann Zitronensaft und Honig einrühren. Viermal täglich
½ Tasse heiß in kleinen Schlucken trinken.

STEVIA & HOLUNDERBEEREN

Für 2 Personen – Kochen: 15 Minuten

ZUTATEN
2 EL getrocknete Holunderbeeren
2 EL frisch gehackte Steviablätter • 1 Streifen Bio-Zitronenschale (5 cm)

Schon wieder mal erschöpft? Dieses kräftigende Tonic bringt
Sie schnell wieder auf die Beine.

 *Spendet Energie* *Reguliert den Kreislauf* *Antibakteriell*

Holunder, Stevia und Zitronenschale mit 450 ml Wasser in einen Topf geben.
Langsam aufkochen und abgedeckt 15 Minuten köcheln lassen. Dann
abgießen. Zweimal täglich ½ Tasse heiß oder kalt in kleinen Schlucken trinken.

KURKUMA-KOKOS-WASSER

Für 1 Person – Kochen: 15 Minuten

ZUTATEN

2 TL gemahlene Kurkuma • 1 TL Anissamen

Saft von ½ Zitrone • 440 ml Kokoswasser

Das leuchtend gelbe Tonikum regt die Verdauung an und
reinigt die Leber.

FV *Fördert die Verdauung*   EH *Entzündungshemmend*   CH *Senkt den Cholesterinspiegel*

Kurkuma, Anis, Zitronensaft und Kokoswasser in einen Topf geben.
Langsam aufkochen und abgedeckt 15 Minuten köcheln lassen. Dann
abgießen. Viermal täglich ½ Tasse heiß oder kalt in kleinen Schlucken trinken.

GUTE-LAUNE-TONIC

Für 1 Person – Kochen: 15 Minuten

ZUTATEN

1 Prise Safranfäden • 440 ml Kokoswasser

1 TL Honig

Safran hat sich zur Linderung von Depressionen bewährt. Und diese Zubereitung hebt Ihre Laune im Handumdrehen.

RK *Reguliert den Kreislauf* **FV** *Fördert die Verdauung* **B** *Beruhigend*

Safran, Kokoswasser und Honig in einen Topf geben. Langsam aufkochen und abgedeckt 15 Minuten köcheln lassen. Dann umrühren und abgießen. Viermal täglich ½ Tasse heiß oder kalt in kleinen Schlucken trinken.

GRÜNES WUNDER

Für 1 Person – Ziehen: 5 Minuten

ZUTATEN

2 EL frische Pfefferminzeblätter

2 EL Spirulina-Pulver • Saft von ½ Zitrone

Die Mikroalge Spirulina ist reich an Antioxidantien und stärkt
das Immunsystem.

 **E** *Entgiftend* **BB** *Blutbildend* **EH** *Entzündungshemmend*

Minze, Spirulina und Zitronensaft mit 450 ml kochendem Wasser übergießen
und 5 Minuten ziehen lassen. Dann abgießen. Viermal täglich ½ Tasse
heiß oder kalt in kleinen Schlucken trinken.

SCHARFES AZTEKEN-TONIC

Für 1 Person – Ziehen: 5 Minuten

ZUTATEN

1 EL Kakaonibs • 1 TL Honig

1 Prise Cayennepfeffer

Cayennepfeffer besitzt eine bemerkenswerte tonisierende Wirkung.
In diesem würzigen Wasser kurbelt er den gesamten Organismus an.

SE *Spendet Energie* **AN** *Anregend* **RK** *Regt den Kreislauf an*

Kakaonibs und Cayennepfeffer mit 450 ml kochendem Wasser übergießen und
5 Minuten ziehen lassen. Dann den Honig einrühren und abgießen.
Alle 4 Stunden 1 Tasse heiß oder kalt in kleinen Schlucken trinken.

NUR DIE RUHE

Für 1 Person – Ziehen: 8 Minuten

ZUTATEN
1 EL frische Bio-Lavendelblüten • 1 EL Baldrianwurzel
1 EL Honig

Mit seinen beruhigenden Inhaltsstoffen schenkt Ihnen dieses Tonikum eine erholsame Nachtruhe.

LA *Lindert Anspannung*　**B** *Beruhigend*　**AG** *Ausgleichend*

Lavendel, Baldrian und Honig mit 450 ml kochendem Wasser übergießen und 8 Minuten ziehen lassen. Dann abgießen und umrühren. Viermal täglich ½ Tasse heiß oder kalt in kleinen Schlucken trinken.

MANDELMILCH MIT ZIMT

Für 1 Person – Kochen: 15 Minuten

ZUTATEN

2 EL Mandeln • 3 Datteln, entsteint

1 TL gemahlener Zimt

Mandeln stehen in dem Ruf, die Libido zu fördern. Die süßen Datteln geben Geschmack und sind gute Energiespender.

SE *Spendet Energie* **AN** *Anregend* **B** *Beruhigend*

Mandeln, Datteln und Zimt mit 225 ml Wasser im Mixer glatt pürieren.
Den Mix in einen Topf füllen und 225 ml Wasser dazugießen.
Langsam aufkochen und 15 Minuten köcheln lassen. Dann abgießen.
Alle 4 Stunden ½ Tasse heiß in kleinen Schlucken trinken.

PEKANNUSS-MACA-MILCH

Für 1 Person – Kochen: 15 Minuten

ZUTATEN

1 EL Pekannusskerne • 2 EL Maca-Pulver

1 TL Honig

Die Knolle der südamerikanischen Maca-Pflanze wirkt regulierend auf den Hormonhaushalt und verbessert die Ausdauer.

J *Verjüngend* **ES** *Entschlackend* **BB** *Blutbildend*

Nüsse und Maca-Pulver mit 225 ml Wasser im Mixer glatt pürieren.
Den Mix in einen Topf füllen und den Honig zugeben.
Langsam aufkochen und 15 Minuten köcheln lassen. Dann abgießen.
Alle 4 Stunden ½ Tasse heiß in kleinen Schlucken trinken.

DETOX-DRINKS

*Leichte und erfrischende Detox-Drinks
versorgen Ihren Körper mit Flüssigkeit
und fördern die Ausscheidung
von Giftstoffen. So bringen Sie Ihren
Stoffwechsel auf Trab.*

Gurken-Chia-Kick • Bleib jung
Petersilie & Wassermelone • Gärtners Liebling
Gurkencooler • Würziger Klettenwurz

GURKEN-CHIA-KICK

Für 1 Person – Kühlen: 8 Stunden

ZUTATEN

½ Bio-Gurke, in dünne Scheiben geschnitten • 2 EL Aloe-vera-Saft

1 EL Chiasamen

Das klare Aromawasser ist reich an Omega-3-Fettsäuren und
enthält zusätzlich noch Proteine.

E *Entgiftend* **RH** *Rehydrierend* **BR** *Blutreinigend*

Gurke, Aloe vera, Chiasamen und 300 ml Wasser in ein Schraubglas füllen.
Mindestens 8 Stunden oder über Nacht in den Kühlschrank stellen.
Danach schütteln oder umrühren. Den Drink über den Tag verteilt in
kleinen Schlucken trinken.

BLEIB JUNG

Für 2 Personen – Kühlen: 30 Minuten

ZUTATEN

20 g frischer Zitronenthymian

100 g Honig- oder Zuckermelonenfruchtfleisch, gewürfelt

240 ml heller Traubensaft • Eiswürfel

Dieser verjüngende Drink lindert Rückenschmerzen und
Verspannungen in den Schultern.

B *Beruhigend* **RK** *Regt den Kreislauf an* **I** *Stärkt das Immunsystem*

Den Zitronenthymian mit 225 ml kochendem Wasser übergießen und
30 Minuten abkühlen lassen. Inzwischen Melonenwürfel und Traubensaft im
Mixer pürieren. Den Tee abgießen und untermixen. Die Eiswürfel zugeben
und den Drink in kleinen Schlucken trinken.

PETERSILIE & WASSERMELONE

Für 1 Person – Zubereitung: 5 Minuten

ZUTATEN

1 Gurke, geschält und in Würfel geschnitten • 15 g Petersilie mit Stängeln

250 g Wassermelonenfruchtfleisch • Saft von 1 Zitrone

Petersilie ist ein wertvoller Lieferant von Vitamin C und Kalzium.

FR *Erfrischend* **RH** *Rehydrierend* **V** *Vitaminreich*

Gurke, Petersilie, Melone und Zitronensaft im Mixer glatt pürieren.
Bei Bedarf noch etwas Wasser untermixen. Den Mix durch
ein Sieb in eine Tasse filtern und servieren.

GÄRTNERS LIEBLING

Für 1 Person – Ziehen: 5 Minuten

ZUTATEN

30 g frisches Selleriegrün • 15 g frisches Fenchelgrün

1 TL Selleriesamen • 2 Möhren, grob gehackt • 10 Bio-Gurkenscheiben

5 Stängel frische Petersilie • Saft von 1 Zitrone

Schluck für Schluck das Beste aus dem Garten: Dieser erfrischende
Drink ist reich an Kalzium.

 *Blutreinigend* **E** *Entgiftend* **J** *Verjüngend*

Sellerie- und Fenchelgrün mit 225 ml kochendem Wasser übergießen,
die Selleriesamen zugeben und 5 Minuten ziehen lassen. Dann abgießen und
abkühlen lassen. Inzwischen Möhren, Gurken, Petersilie und 50 ml Wasser
im Mixer fein pürieren. Den Mix durch ein Sieb in eine Kanne filtern.
Tee und Zitronensaft einrühren und kühl servieren.

GURKENCOOLER

Für 1 Person – Ziehen: 1 Stunde

ZUTATEN

½ Bio-Gurke, in Scheiben geschnitten • 1 Handvoll Minzeblätter
1 TL frisch geriebener Ingwer • 1 Prise Cayennepfeffer
Saft von 1 Limette • Eiswürfel

Das fein-würzige Gurkenwasser enthält neben den Vitaminen A, C und K auch Kalzium und Kalium.

RH *Rehydrierend* **EH** *Entzündungshemmend* **FV** *Fördert die Verdauung*

Gurke, Minze, Ingwer, Cayennepfeffer und Limettensaft in eine Kanne geben.
Alles mit kaltem Wasser bedecken und 1 Stunde ziehen lassen.
Danach den Drink mit Eiswürfeln servieren.

WÜRZIGER KLETTENWURZ

Für 1 Person – Ziehen: 5 Minuten

ZUTATEN

1 EL Klettenwurzel

2 Stangen Staudensellerie, längs halbiert und fein gewürfelt

½ Bio-Gurke, in Scheiben geschnitten • 1 TL gemahlener Koriander

½ Bio-Zitrone, in Scheiben geschnitten

Klettenwurzel wird zur Behandlung von Bluthochdruck und
Gelenkschmerzen empfohlen.

BR *Blutreinigend* **GH** *Gut für die Haut* **EH** *Entzündungshemmend*

Die Klettenwurzel mit 225 ml kochendem Wasser übergießen und 5 Minuten
ziehen lassen. Dann abgießen und abkühlen lassen. Sellerie, Gurke, Koriander
und Klettenwurzeltee im Mixer glatt pürieren. In ein Glas füllen und umrühren.
Die Zitronenscheiben zugeben und in kleinen Schlucken trinken.

REGISTER

Ich danke der Firma Mirabilia für den feinen Olivenblättertee aus den italienischen Abruzzen (www.oleaft.com). Vielen Dank auch an Tom Westerich für sein wunderbares Studio, an Deirdre Rooney für ihre tollen Fotos, an Kathy Steer für ihre Geduld und an Michelle Tilly für ihre Arbeit. Es war eine Freude, dieses Buch zu entwickeln. Mein herzlicher Dank geht an Catie Ziller, ohne die es das Licht der Welt nicht erblickt hätte.

Die Autorin hat die Wirkweisen der im Buch genannten Pflanzen sorgfältig recherchiert, kann jedoch keine Verantwortung für individuelle Unverträglichkeiten oder Nebenwirkungen übernehmen. Zubereitungen aus Heilkräutern können niemals eine medizinische Behandlung ersetzen und sollten grundsätzlich maßvoll genossen werden. Jegliche Haftung der Autorin sowie des Verlags und seiner Beauftragten ist ausgeschlossen.

 Penguin Random House

Für die englische Ausgabe
Autorin Fern Green
Projektleitung Catie Ziller
Projektbetreuung Kathy Steer
Gestaltung und Satz Michelle Tilly
Fotos Deirdre Rooney

Für die französische Ausgabe
Projektbetreuung Marion Pipart - La Nouvelle
Übersetzung Cécile Giroldi
Lektorat Anne Guerquin
Herstellung Francois Giraudet

Für die deutsche Ausgabe
Programmleitung Monika Schlitzer
Redaktionsleitung Caren Hummel
Projektbetreuung Clara Ferschen
Herstellungsleitung Dorothee Whittaker
Herstellungskoordination Arnika Marx
Herstellung Claudia Bürgers

Titel der französischen Originalausgabe:
Tisanes et tonifiants naturels – La Bible

© Hachette Livre (Marabout), Paris, 2016
Alle Rechte vorbehalten
The moral right of the author has been asserted

Übersetzung Wiebke Krabbe
Lektorat Petra Teetz

ISBN 978-3-8310-3281-5

Druck und Bindung
Toppan Leefung, China

Besuchen Sie uns im Internet
www.dorlingkindersley.de

Hinweis
Die Informationen und Ratschläge in diesem Buch sind von der Autorin und vom Verlag sorgfältig erwogen und geprüft, dennoch kann eine Garantie nicht übernommen werden. Eine Haftung der Autorin bzw. des Verlags und seiner Beauftragten für Personen-, Sach- und Vermögensschäden ist ausgeschlossen.